Su infancia

En Málaga, el 25 de octubre de 1881, nacía un niño, al que sus padres, muy contentos, bautizaron con el nombre de Pablo. Pablo Ruiz Picasso sería su nombre completo.

Muy pronto ya se vio que aquel chiquillo tenía unos grandes dotes de observación. Cuando su padre, que era profesor de dibujo en Málaga, se ponía a pintar aquellas naturalezas muertas o aquellas flores que tanto le gustaban, Pablo no se perdía ni un detalle. En las pinturas de su padre a menudo aparecían palomas, y esta afición se le contagió rápidamente: un buen día tomó las tijeras de su madre y se puso a recortar la figura de una paloma, lo hizo con una simplicidad de líneas y una belleza que ya permitían adivinar su habilidad posterior.

Al cumplir los 10 años nombraron a su padre profesor de la Escuela de Bellas Artes de La Coruña, y es en esta ciudad donde Pablo comienza a asistir a clases de dibujo. Sin embargo, pronto coge una gran afición a dejar volar la imaginación paseando por las calles de la ciudad, caricaturizando los diferentes personajes que encuentra y reflejando los aspectos más anecdóticos de la vida cotidiana.

Picasso, un adolescente en Barcelona

Cuatro años más tarde, el 1895, el padre de Picasso vuelve a solicitar el traslado, esta vez a Barcelona. Así pues, la familia retorna al ambiente mediterráneo que tanto había añorado.

Cuando hacía poco tiempo que habían llegado a Barcelona, el joven Picasso le comentó a su padre que quería entrar en la Escuela de Bellas Artes de la Llotja, donde éste daba clases. A pesar de que el examen de ingreso era considerado muy difícil y además Pablo aún no tenía la edad necesaria para entrar, él lo inten-

tó, y todo el mundo quedó sorprendido al ver que lo conseguía y, además, de una manera excelente.

Los Ruiz Picasso vivían muy cerca del mar y de la Llotja. Pero cuando tenía quince años, su padre le alquiló un estudio todavía más cercano a la Escuela. En aquel estudio y siguiendo una propuesta de su padre se puso a pintar la obra «Ciencia y caridad», en ella se representa a un médico (su padre) que en una humilde habitación toma el pulso a una enferma (una mujer que a menudo pedía limosna delante de la puerta de su estudio), contemplados por una monja que lleva un niño en brazos.

«Els quatre gats»

Tras una corta estancia en Madrid para estudiar en la Real Academia de San Fernando, y en Horta de Sant Joan para recuperarse de la escarlatina en casa de su amigo Pallarés, regresa a Barcelona, donde reencuentra a sus amigos de la Llotja. Estando alejado de su familia, entra en estrecho contacto con la gente que frecuentaba la cervecería «Els quatre gats» que era el centro más importante de la Barcelona modernista. Allí Picasso escuchaba las tertulias de los intelectuales de la época como Miguel Utrillo, Santiago Rusiñol, Ramon Casas..., y así, poco a poco, iba descubriendo las ideas más revolucionarias del momento.

En «Els quatre gats» conoce a los que serán sus amigos Sabartés, Casagemas y Reventós; también allí realiza la primera exposición con los retratos de sus compañeros y otros dibujos.

Todos sus amigos hablaban con insistencia y admiración de París, y Picasso, contagiado por este entusiasmo, decidió ir, acompañado por Casagemas. Una vez allí, se dedica a observar todo lo que puede ser interesante, y se siente especialmente atraído por la obra de Toulouse Lautrec y por el ambiente del music-hall.

En este período se inicia la llamada época azul, en la que, tal vez influenciado por la muerte de su amigo Casagemas, cambia la temática de sus cuadros; se interesa por los personajes que sufren, aquellos que contemplan la vida con los ojos llenos de dolor y de miseria. Para representarlos utiliza el color azul, con unas tonalidades que dan a sus obras un aspecto de tristeza y soledad.

El mundo de color de rosa

En el año 1904 se instala de una forma casi definitiva en París. De entrada vive en un estudio situado en el centro del barrio de Montmartre, en el mismo edificio viven gran cantidad de poetas, pintores, gente de vida bohemia, mezclados con gente trabajadora como modistas, vendedores ambulantes...; todo ello crea un ambiente muy pintoresco.

Aquel otoño conoce a Fernande Olivier, la que sería su compañera hasta 1911. Este cambio de entorno y su nueva situación sentimental le ayudaron a superar su estado depresivo y más bien introvertido. Este hecho también se iba reflejando en su arte, en las obras de este momento predominan las tonalidades rosadas y la temática cambia de una manera clara.

En esta época, Picasso frecuentaba el circo, y poco a poco fue haciendo amistad con la gente de este mundo, a los que les gustaba posar como modelos de aquel pintor que tanto se interesaba por sus cosas, y Picasso se entusiasmaba con las figuras de aquellos acróbatas y saltimbanquis con sus vestidos de alegres colores, con sus expresiones llenas de vitalidad. Precisamente los momentos más humanos son los que más interesan a Picasso; pocas veces los representa en la pista realizando la función diaria, sino al contrario, le atraen más cuando se encuentran en familia, ocupándose de sus hijos, limpiando la ropa, compartiendo los consejos de los mayores, experimentando nuevos números.

Todo un mundo lleno de movimiento e intimidad que se conoce con el nombre de época rosa.

«Las señoritas de la calle Avinyó»

Durante el verano de 1906 fue a pasar las vacaciones a un pueblecito del Pirineo de Lleida, Gósol, y a su regreso inició lo que se puede llamar su verdadera revolución pictórica. A partir de ahora no le interesan únicamente los aspectos psicológicos de sus personajes, sino que se decanta hacia el mundo del volumen, del análisis de las formas, y con ello consigue crear un lenguaje propio.

Es en este momento cuando pinta una de sus obras más importantes, «Las señoritas de la calle Avinyó». En esta pintura se reúnen vertientes del arte tan alejadas como pueden ser el arte ibérico, el arte negro y la obra de Cézanne. Estos tres estilos tan distintos del arte los descubrió Picasso en sus continuas visitas a los museos en los que aprendía muchas cosas que luego aplicaba a sus pinturas.

Esta combinación de tendencias del arte junto con sus estudios del volumen y la forma dieron a luz un nuevo lenguaje pictórico, el cubismo.

Horta de Sant Joan y el cubismo

Picasso guardaba tan buen recuerdo de su primera estancia en Horta de Sant Joan, que años más tarde decidió regresar allí con su compañera Fernande Olivier.

En medio de aquel paisaje tan abrupto podía ir aplicando la norma de Cézanne que decía que la naturaleza debía ser tratada por medio de la esfera, el cilindro y el cono; como consecuencia de ello realizó gran cantidad de paisajes cubistas en los que la naturaleza aparece siempre construida con elementos geométricos.

En el mes de septiembre regresa a París, donde sigue practicando los descubrimientos realizados en Horta de Sant Joan, y aplica los nuevos procedimientos a los retratos y a las naturalezas muertas.

Años más tarde, en 1913, introduce la técnica del collage en sus cuadros, pega trozos de periódico, ropa, papel de empapelar... Picasso se entusiasma con esta nueva técnica que le permite dar a su obra unas texturas que hasta entonces no había conseguido.

Durante 1916, un amigo suyo, el escritor Jean Cocteau, le convence para que tome parte en la creación de un nuevo espectáculo para los ballets rusos. Así se abre una nueva experiencia en el proceso creativo de Picasso, la del mundo del teatro en el que intervendrá en diversas obras.

En el año 1920 tiene un hijo con Olga Koklova, al que llamarán Pablo, este hecho le producirá una serie de sensaciones que se reflejarán en su obra. Se inicia un período de gran actividad en el que realiza, al mismo tiempo, obras de estilos muy diferentes.

Drama en Gernika

En el año 1935 su matrimonio con Olga Koklova se deshace y el artista se une sentimentalmente con Marie-Thérèse Walter, con quien tendrá una hija, Maya.

El año siguiente, encontrándose el pintor en Francia, se inicia la guerra civil española y Picasso toma partido por la República, que lo nombra director del Museo del Prado.

Las noticias que le llegan de España son cada vez peores y pronto siente la necesidad de ayudar a la lucha con su única arma: la pintura. Es entonces cuando, el 27 de abril de 1937 se produce el bombardeo de la ciudad vasca de Gernika por los aviones nazis. Este hecho que conmovió al mundo entero, impresionó a Picasso de una manera muy fuerte, y para expresar su indignación realizó la obra llamada «Gernika».

Esta obra, de grandes dimensiones, está realizada en tonos blancos, negros y grises, colores que ayudan a dar el tono catastrófico al conjunto del cuadro; en él aparecen elementos míticos para expresar la guerra y la opresión: el caballo moribundo, el toro, el soldado herido, la mujer que huye, la maternidad, la oscuridad solamente atenuada por la luz del quinqué y la bombilla.

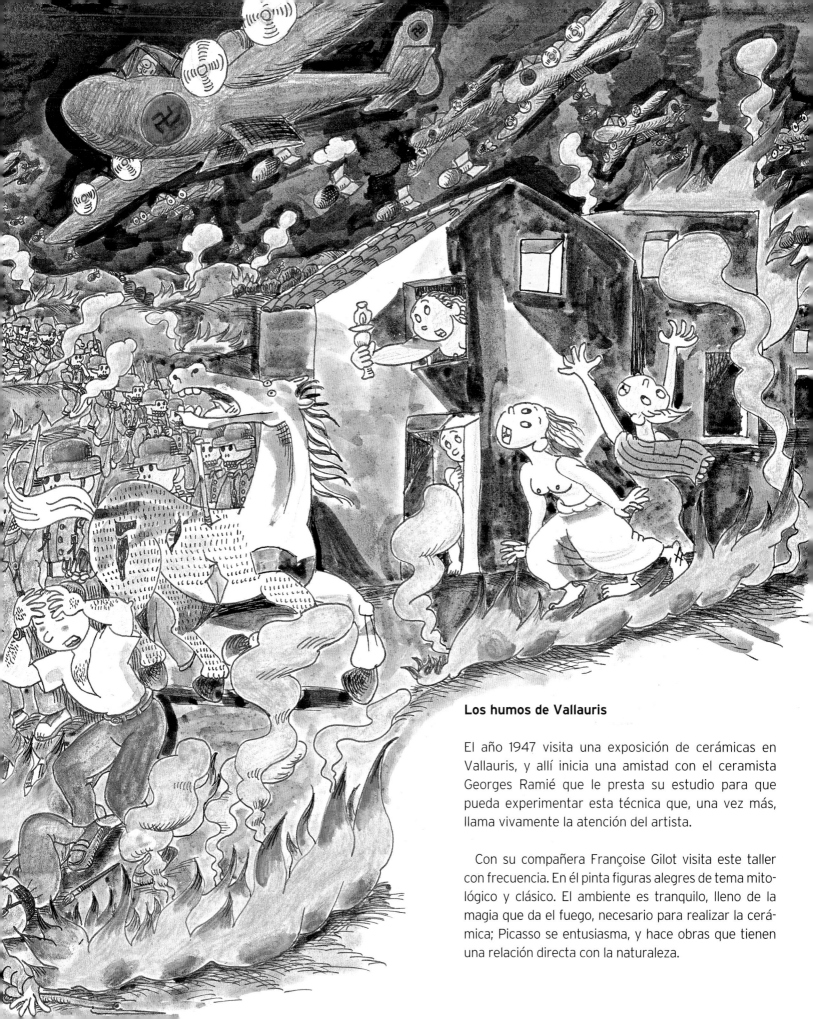

Los humos de Vallauris

El año 1947 visita una exposición de cerámicas en Vallauris, y allí inicia una amistad con el ceramista Georges Ramié que le presta su estudio para que pueda experimentar esta técnica que, una vez más, llama vivamente la atención del artista.

Con su compañera Françoise Gilot visita este taller con frecuencia. En él pinta figuras alegres de tema mitológico y clásico. El ambiente es tranquilo, lleno de la magia que da el fuego, necesario para realizar la cerámica; Picasso se entusiasma, y hace obras que tienen una relación directa con la naturaleza.

Un ejemplo claro de este momento es la obra «Mujer encinta» en la cual liga otra vez la realidad de su vida con el mundo plástico, puesto que de su unión con Françoise tuvo un niño (Claude) y una niña (Paloma), para los que Picasso realizaba a menudo dibujos y muñequitos que los niños acogían divertidos.

Cuando su dominio de esta técnica avanza, la cerámica va perdiendo su forma utilitaria y va creando nuevos volúmenes transformando las formas de las piezas antes de ponerlas al horno.

La tauromaquia

Cuando va a vivir a La Californie, cerca de Cannes, reinicia sus contactos con las corridas de toros, a las que acude con gran entusiasmo, puesto que de pequeño, en Málaga, había sentido una gran atracción por este mundo, tal vez influido por su padre que era un gran aficionado.

Picasso tuvo siempre una visión muy personal del mundo de los toros, siempre presta gran atención a la lucha del toro, del caballo y del hombre. Parece como si, para Picasso, el toro fuese la encarnación de la fuerza, de la violencia, de la brutalidad, y el caballo aparece como la víctima que nunca acaba de morir, pero que lucha con una fuerte tensión.

En el año 1957 acaba un proyecto iniciado antes de la guerra civil, el de ilustrar la vida del gran torero de la época de Goya, Pepe Hillo. En este libro, por medio de manchas en blanco y negro, nos muestra diferentes pasos y situaciones del toreo, y muy especialmente de la lucha entre el hombre y la bestia.

«Las Meninas»

Estando con la que sería su última mujer, Jacqueline Roque, en La Californie, se instaló en el piso superior de la casa, donde disfrutaba de una gran tranquilidad, solamente alterada por la voz de las palomas, y de una amplia visión del Mediterráneo.

Y allí se dedica con una ferocidad casi obsesiva a la interpretación de la obra de Velázquez, «Las Meninas».

Realizó una serie de 48 obras sobre este tema, llevadas a cabo haciendo un reanálisis cubista de la visión que tuvo Velázquez ante el objeto.

Cuando hace un mes que trabajaba sin interrupción en el tema de las Meninas, decide tomarse un pequeño descanso y se entretiene pintando las palomas que ve desde su ventana. La luz y el color mediterráneos llenan estos cuadros que son tratados con gran agilidad, como si quisiera cambiar el ambiente cerrado de la habitación de las Meninas por una ventana abierta al mar.

En esta misma línea realizó su último autorretrato, pintado como si fuese una mirada a si mismo antes de morir, cosa que ocurrió en el pueblecito francés de Mougins, el 8 de abril de 1973.

Los museos de Picasso

Como ya hemos visto, la vinculación de Picasso con Cataluña fue decisiva en muchos momentos de su vida y su obra. Picasso era consciente de ello, y fue él mismo quien sugirió a su amigo Sabartés que si quería donar su colección, lo hiciese a la ciudad de Barcelona. Sabartés, que a lo largo de su vida había ido reuniendo los obsequios que el pintor le hacía, estaba decidido a ceder su colección, y llegó a un acuerdo con el ayuntamiento de Barcelona para crear el museo que se abrió al público, sin gran expectación, el año 1963. En el año 1970 se llevó a cabo la donación de las obras custodiadas por su familia, hecho que obligó a una ampliación del museo, que en la actualidad ocupa tres palacios de la calle Montcada.

En 1985 se inaugura en París un nuevo museo dedicado a la obra de Picasso, también en un antiguo palacio; y al igual que en Barcelona, se forman largas colas de un público lleno de entusiasmo para ver la obra de este gran genio de nuestro tiempo.